L'ISCARIOTE

DE LA FRANCE.

OU

LE DÉPUTÉ

AUTRICHIEN.

Octobre 1789.

FRANÇAIS, songez sérieusement à votre salut, il s'agit de prévoir une seconde scene tragique, mais qui seroit infiniment plus funeste que la premiere ; les tyrans, principes de l'exécrable conjuration , existent dans leur pleine et entiere puissance. Vous n'avez encore puni que les scélérats subalternes de ces premiers & souverains monstres ordonnateurs des plus horribles attentats.

La mort n'inquiete point les sanguinai-

A

...res diviuités terreftres ; la vengeance feule les occupe ; pensez-y bien, elle n'oublie jamais, & n'abandonne qu'à la mort tout projet quelqu'exécrable qu'il-foit.

Français, attendez - vous à être punis cruellement de vos conquêtes, que trop légitimes, fi vous ne détruifez cette indigne race, femblable aux tarquins, dont le monftre femelle ordonna, malgré la réfif-tance du gendre, de faire paffer son char fur le corps de son propre pere, pour ne se pcint détourner, et arriver plutot sur un trene enfanglanté d'un meurtre commis par leplus lâche affaffinat. Telle fut, & telle sera toujours l'iffue des noirs complots & odieux projets contre les peuples& le prince, que trament & combinent chaque jour de leur exiftence les infernaux tyrans & tyran-nes, que les enfers vomiffent fur la terre comme les fleaux les plus- redoutables de l'univers.

3

L'ETRANGERE.

Le député Autrichien, gouverneur & tyran de la France, fruit d'un des plus licentieux concubinages, eſt le composé de matiere hétérogène, fabriqué de pluſieurs races, en partie Lorraine, Allemande, Autrichienne, Bohémienne, &c. &c. Cette Proſerpine de toutes pieces déjà connue, le ſera encore plus parfaitement par l'esquiſse de ces traits . . . . . elle porte la redoutable chevelure du quatorzieme Apotre, du même caractere de Judas. Comme lui, elle met les mains dans le plat pour voler & diſſiper les tréfors de la France : ſes yeux durs, traîtres & enflammés, ne reſpirent que feux & carnages pour combler ses inſuſtes vengeances ; son néz et ses joues ſont bourgeonnés et pourprés par un ſang corrompu qui ſe distille entre sa chair & ſon cuir déjà plombé, et sa bouche fétide et nfecte, recelle une langue cruelle, qui ſe dit pour jamais altérée du ſang français !

Maintenant, d'autant plus redoutable, qu'elle est dans l'âge de l'ambition et de la plus grande agitation des sens pour le plaisir, son extrême orgueil prétend tout à la fois régner sur cœur et empire.

Présentement elle se trouve agitée d'un tourment convulsif par les cuisants regrets de l'éloignement d'un renégat et d'une tribade, odieux objets de ses infâmes plaisirs. . . . . . . Dernierement re[illegible] son évanouiffement, occafioné par ces accès de rage qui la portent avec violence à tout frapper, caffer & trépigner, comme poffedée de l'efprit infernal„ et tombant d'un haut mal, elle écrivit ces généreux deffeins à fon beau et pourtant véritable frere, puisqu'il a l'honorable avantage, comme elle, d'être bâtard :

CHER COMTE.

» J'emploie tout pour acquérir des fonds

qui puissent remplir nos vues et suretés: Les impots ne peuvent encore avoir lieu, et les emprunts n'ayant point été remplis, je n'ai pu exiger une somme de ce Ministre des Finances, dont j'augmente les disgraces ; . . . . . mais l'exportation des grains commence à se faire , cependant avec quelque gêne , vu les dangers pour leurs passages dans plusieurs provinces liguées avec les grenouilles de la Seine. Incessamment des magasins vont être établis le long de l'Alsace et de la Lorraine ; un des plus grands sera auprès de Thionville . . . . Je ne ménage rien pour soutenir notre parti, et augmenter nos intelligences. Tu dois, cher Comte, recevoir une lettre de mon frere même ; ménage tout à la Cour, où tu te trouves, et j'espere bien te revoir le printemps prochain , par tous les succès que je dois attendre des grands moyens que j'emploie ; signée et datée du vingt Septembre 1789 »).

Par ces dernieres lignes, veut-elle dire qu'elle partira, ou que son cher Comte reviendra par la force.

Quoi qu'il en soit, avis aux Parisiens, d'après cela, il n'y a plus de craintes à avoir, et *les dangers sont passés.*

Malheureuse sécurité qui fait dégénérer la confiance en foiblesse, pourra-tu toujours tromper les Français ?

L'on n'a point encore connoissance de la lettre envoyée à la tribade Polignac.

ASSEMBLÉE NATIONALE.

Ce député Autrichien paye une partie de la grande assemblée, & il peut, sans exagération, compter sept cent membres qui lui sont entierement dévoués.

Il en est véritablemenr deux cents fidèles

patriotes , mais le reſte paroît attaqué de différents ſymptomes fiévreux , qui sont l'indifférence , le dégoût et l'ignorance.....

Il est un droit sans bornes, non moins remarquable , que les députés peuvent être deſpotes et tyrans de la nation à leurs propres volontés ; et quand bon leur semblera , puiſqu'ils se sont fait reconnoître pour sacrés et inviolables, qui pis est , par la nation même, qui ne les a constitués que pour un temps , dont le terme dépend des circonstances , et par des pouvoirs limités.

Avec la justice la plus intacte , ne doivent-ils pas entrer en parallelle avec des commettants qui les honorent d'un choix qui les fait juger en même temps des hommes les plus intégres et les plus savants du Royaume.

Au fond , cette inviolabilité ne devoit

être regardée et accordée que comme un préservatif contre la Cour ; alors elle eut été plus légitime, étant moins universelle.

Par des affiches, l'assemblée nationale a permis authentiquement la pleine et entiere liberté de la presse ; mais par ses derniers décrets, ayant pris en considération, tous actes de justice ; son scrupule s'est étendu à ne défendre purement et simplement que les vérités.

Le Parlement, sur la fin de son regne, fit de pareilles miracles, aussi est-il en odeur de sainteté.

L'assemblée Nationale avoit prononcé formellement que pas un des Cardinaux, Archevêques, Evêques et autres Ecclésiastiques ne pourront être ministres du Roi.

Pourquoi donc l'a-t-elle envoyé remercier solemnellement, par une députation,

en

en faveur du choix de M. l'Archevêque de Bordeaux.

Il est a préfumer que c'est dans l'espoir d'en faire un aussi grand Ministre que Brienne, en effet, un Archevêque à l'Ecole des Femmes dangereuses, pourvu qu'il ne soit pas manchot, ne peut que réussir.

Incessamment l'Assemblée Nationale va entrer en vacance, et comme sa constitution est fort avancée, afin de réfléchir plus murement sur les derniers articles qui doivent couronner ce long et pénible ouvrage véritablement éternel, en ce qu'il n'a point de commencement et n'aura point de fin, elle ne prend qu'un semestre en bonne forme de congé absolu, pour n'y revenir jamais.

LA COUR.

La famille Royale & les Ministres ont fait porter leurs vaiffelles à la monnoie, toujours comme ç'a été sous le voile du bienfait ; et ce sera de même avec la modeste restriction, (n'y touchez pas.)

B

La chose est foit fimple, la reconnois-
sance qui leur sera due dans quelque tems,
pour les services qu'ils cherchent à nous rendre , pourroient bien conduire au pillage ,
et dans tous les cas , les louis sont infiniment plus aisés à sauver que la vaisselle ,
qui , beaucoup moins portative , n'est pas
si invifible.

Bientot il n'y aura plus de louis dans la
capitale ; je connois un vrai gentilhomme
de naissance qui croiroit ne pas être bon
patriote , s'il n'agiotoit sur la modeste con-
tribution de huit sous par louis pour l'avoir
en or.

Les grands se décorent du titre de vrais
citoyens , et nous engagent à de généreux
bienfaits patriotiques. Nous autres bons patriotes, nous donnons bonnement dans ce
piege, qui fera tomber quelques familles
dans la beface ; mais à la vérité , il ne faut
point avoir tant de méfiance ; nous aurons
commencé par être sans pain , et nous fini-
rons avec l'espérance, par n'avoir ni l'un ni
l'autre.

. A travers tous leurs torts, il faut être juste, les grands nous jurent qu'ils ne veulent que le bien du peuple, et jusqu'alors ils ne se sont pas démentis ; mais on leur reproche seulement de le garder.

Ils apportent pour raison, que les radoteurs Romains sont trop anciens pour que la loi de rendre à César ne soit pas oubliée.

Comme le peuple par ingratitude paye deux fois très-souvent ce qu'il ne doit pas une, l'on ne peut douter que les grands feuls aient bon cœur, puisqu'ils gardent tout.

MINISTRES.

Le Ministre de la guerre, pénétré des principes de la tactique de ses prédécesseurs, commence son petit jeu par quelques roles à la Broglie : dans un de fes moments de loifir, pour se dissiper, il vient de s'amuser au léger badinage de faire folâtrer des troupes royales à quatre lieues de Paris.

Il est vrai qu'il s'en est justifié par un aussi

grosse finesse que saine politique ; c'étoit, dit-il , pour éviter tous accidens fâcheux.

Et il paroît maintenant revenu de son erreur , puisqu'on ne peut encore lui faire comprendre qu'il en pourroit être tout le contraire.

Si l'assemblée nationale n'avoit , ou ne vouloit pas avoir la mémoire d'un lievre, elle seroit tenue de rendre compte de sa conduite, et tout simplement responsable de la joyeuse issue de cette gaieté d'esprit du corps ministériel ; mais l'union nous rend tous freres.

MUNICIPALITE.

L'air pestiféré de la Cour ayant porté ses exhalaisons impures dans le sénat , qui malheureusement l'avoisine, la contagion vient de se manifester dans la municipalité de la capitale.

Aussi , les municipaux ont-ils l'honneur d'être attaqués de la maladie des grands, qui se nomme soif ardente , et non pas de cette épidémie commune chez le peuple, qu'on appelle inanition.

13

Il est vrai que la municipalité , continuel-
lement en sueur , travaille monstrueusement;
car il n'est pas de jour qu'elle ne fasse ta-
pisser la ville tout à neuf , et il est malheu-
reux que ces affiches , de glorieuse mémoire,
ne portent pas ce fameux nom (edit) ; car,
le lendemain même , on trouveroit juste-
ment celui de l'anti-intitulé (dedit).

Tous ces placards sont autant d'indulgen-
ces plénieres , qui blanchissent et accordent
l'innocence de l'enfant qui naît.

Il est vrai , aussi , que M. de la Salle ,
pour une premiere fois qu'il faisoit sortir
clandestinement de la capitale de très-bonne
poudre à tirer , non sur les oiseaux , et con-
voyer tout ingénument , sans aucun mauvais
dessein , par de très-honnêtes gens , qui pour
mieux garder l'incognito , s'étoient déguisés
en invalides , pour moins , et pour mieux en
imposer , avoit bien le droit de s'en disculp-
per suivant les loix , en ce qu'il fait des preu-
ves plus claires que le jour, et qu'au contraire
cette affaire , en partie , s'étoit passée nuitam-

ment ; aussi l'affiche le réhabilite tellement, qu'elle exige des excuses du public même.

Le commissaire Serrault, ancien agent du despotifme, et Coufin du Compere Leleu, en qualité de confrere, concernant cette bagatelle de l'exportation des grains, n'y trouva pas moins son compte ; car il prouva par l'affiche mesme, à ceux qui avoient dit la vérité, qu'ils n'étoient que des médifans...

Jugez de la clémence des municipaux par leurs jugemens, vous ne trouverez pas une seule affiche qui condamne les gens qu'on appelle en état.

La municipalité de Paris eft composée de quelques membres du Parlement qui soutienrent bien la réputation de leur corps ; comme Juges integres, ils ne veulent point ramender le pain ; mais par une bonté toute paternelle, ils lâchent la main pour la falfification. . . . . .

Quant à M. le Bailly, son nom prouve assez ce qu'il pourroit être, il est cependant homme de probité ; mais pour être maire de la capitale du royaume dans des tems de calamités, ou pour dire vrai, dans les disettes feintes et apprêtées au milieu de l'abondance; il seroit plus nécessaire d'y placer un sujet qui connût bien les éléments de la maison rustique, que des savants qui s'amusent á dénaturer notre idiome par la célebre compofition d'un bizarre dictionnaire académique. . . . .

Finallement, fi tous les municipaux regorgent de connoissance d'entendement & d'intelligence; pourquoi voulez-vous, ou bien pourquoi ne voulez-vous pas que Paris soit depuis fix semaines entieres au jour le jour, et un beau lendemain entierement au dépourvu, suivant le gré de leurs efficaces volontés.

Il est vrai que pour la premiere fois les municipaux se justifient très-clairement.

Mais, disent-ils, le peuple qui toujours crie, et n'est jamais content de ce qu'on ne lui accorde pas un denier, pourra-t-il cette fois se plaindre d'indigestion.

Que peut-on nous reprocher? le peuple a demandé la diminution du pain, et nous lui avons totalement accordée, puisque la halle au bled est entierement vuide.

DIALOGUE.

L'AUTRICHIENNE.

Grenouilles de la Seine, qu'avez-vous à me reprocher ? Ne vous ai-je pas donné un maître foliveau?

LES PARISIENS.

Facétieuse Proferpine ! il vous plaira donc toujours de nous tourner en dérifion, & nous donner en spectacle aux gigantesques baladins de ce nouveau théâtre ambigu-comique, dort la directrice, aimant par passion le travesti, donne trop souvent pour piece la maison neuve, ou les nouveaux venus, le tout au profit des acteurs.

Mais fi le succès dépend de ces nouvelles décorations, gare que la piece ne tombe.

Ressouvenez-vous du plaifir que vous a fait notre premiere piece que vous avez jugée parfaitement tragique.

Les Parisiens offrent de nouveau, à votre fenfibilité, une premiere représentation de la guerre de Constantinople, précédée du gouverneur de la Baftille.

FIN.